BAN DES ÉCHEVINS

OU

ANCIENS RÈGLEMENTS DE POLICE
DE LA VILLE DE BÉTHUNE

(VERS 1350)

PAR

M. LE COMTE DE LOISNE

(Extrait du *Bulletin historique et philologique*, 1902)

PARIS

IMPRIMERIE NATIONALE

MDCCCCIII

BAN DES ÉCHEVINS

OU

ANCIENS RÈGLEMENTS DE POLICE

DE LA VILLE DE BÉTHUNE

(VERS 1350)

BAN DES ÉCHEVINS

OU

ANCIENS RÈGLEMENTS DE POLICE

DE LA VILLE DE BÉTHUNE

(VERS 1350)

PAR

M. LE COMTE DE LOISNE

(Extrait du Bulletin historique et philologique, 1902)

PARIS

IMPRIMERIE NATIONALE

MDCCCCIII

BAN DES ÉCHEVINS

ou

ANCIENS RÈGLEMENTS DE POLICE
DE LA VILLE DE BÉTHUNE

(VERS 1350.)

Le document encore inédit dont nous donnons communication au Comité est extrait d'un ancien registre municipal conservé aux Archives de Béthune, sous la cote AA4. C'est un ban des échevins ou règlement de police du milieu du XIVe siècle, confirmant d'anciens usages, qui a régi la ville de Béthune pendant tout le cours du moyen âge. Il sera intéressant pour l'histoire de nos institutions de le comparer aux réglements analogues, notamment à ceux de Saint-Omer, qu'a étudiés tout spécialement M. Giry [1].

Les jeux, en général, sont interdits, sauf ceux de tables et d'échecs (art. 1 et 2); on ne peut se servir que de poids loyaux et de mesures à l'enseigne de la ville ou prendre d'un bourgeois, pour gage, que le drap dont il est habituellement revêtu (art. 3 et 5).

Le règlement s'attache à ne laisser dans la ville, ni vagabonds, ni lépreux, ni femmes de mauvaise vie; si ceux-ci l'enfreignent ils peuvent être dépouillés de tout ce qu'ils ont sur eux (art. 6 et 7).

Le port des armes, quelles qu'elles soient, est rigoureusement interdit, comme à Saint-Omer, et l'on ne peut sortir dans les rues, sans lumière, après la sonnerie du couvre-feu. L'hôtelier qui reçoit chez lui la nuit des gens armés doit en informer les échevins (art. 8, 12 et 20). Défense aux gens de métier de se coaliser, de frauder le tonlieu, de casser des pierres devant les portes de la ville; réglementation pour le chargement et le déchargement des bateaux (art. 9, 10, 13 et 14).

[1] *Hist. des institutions de la ville de Saint-Omer*, p. 256 et sq.

Chaque espèce d'huile doit être vendue à part et la livre doit contenir une pinte (art. 11).

Défense de dresser un guet-à-pens à un bourgeois, en dehors de la ville, de l'arrêter ou de saisir ses meubles dans la ville, d'acheter une créance contre lui sans son consentement (art. 15 à 17).

Les fours doivent être revêtus d'un enduit pour éviter les incendies, ce fléau des villes au moyen âge; les maisons sises devant les portes de la ville seront couvertes d'ardoises ou de tuiles (art. 18 et 19).

Réglementation de la vente du vin et de l'huile : le vin au détail doit être d'une seule espèce; celui de la Rochelle est l'objet de prescriptions particulières. Quand on remplit le broc, l'acheteur doit être présent; l'afforage a lieu en présence des échevins, après quinze jours de repos; le vin ne doit pas être troublé et une certaine quantité en est prélevée pour l'usage de la maladrerie. Quand on va le tirer au tonneau il faut s'éclairer à l'aide d'une chandelle de cire. Ces dispositions minutieuses prouvent que l'usage du vin était beaucoup plus répandu, à Béthune, au moyen âge, que de nos jours. C'est qu'à cette époque la vigne était cultivée dans les environs. Une charte de 1327 parle du vin de Béthune [1]; d'où le nom de *porte de la vigne* [2] donné à une des entrées de la ville, et celui de *cloche des vignerons* [3], à une des cloches du beffroi (art. 22 à 32).

Le salaire des divers courtiers est taxé; il en est de même de celui des déchargeurs (art. 33 et 34).

Des mesures sont prises dans l'intérêt de la propreté de la ville, ce qui permet d'affirmer que cette propreté laissait singulièrement à désirer. Ainsi, on ne peut tenir chez soi des pourceaux sans l'autorisation des échevins. Les barbiers ne doivent en avoir en aucun cas, pas plus que des poules. Il leur est commandé de porter dehors la ville le produit de leurs saignées et de ne sortir le jour avec des ciseaux que pour exercer leur métier. Les pourceaux ne peuvent pas vaguer le lundi sur le marché au blé; les sergents et le propriétaire du blé pillé peuvent les tuer s'ils commettent des dégâts (art. 35 à 37).

L'individu qui quitte la ville en y laissant des dettes, encourt la

[1] Comte de Loisne, *Le cartulaire de Saint-Barthélemy,* n° 120.
[2] *Id.,* n° 113.
[3] *Épigraphie du Pas-de-Calais,* Béthune, p. 5.

peine du bannissement et ses biens sont saisis jusqu'à concurrence de ce qu'il doit (art. 38 et 39).

Les ribauds ne peuvent séjourner plus d'une nuit par semaine dans une hôtellerie, à moins d'être malades (art. 40).

Les tréteaux des marchands doivent être enlevés avant la nuit (art. 41).

Les marchands de toile doivent vendre leur marchandise à la halle avec les autres marchands (art. 42).

Défense de déménager sans payer sa location, d'enlever ou de détériorer les cordes des puits, de mélanger la cire à la poix (art. 43, 44 et 47).

Réglementation du transport et du mesurage du charbon, de celui de la garance, du vanage du blé et des opérations de meunerie, du salaire des fourniers et des boulangers (art. 48 à 54).

Défense, à peine d'une forte amende, de déverser les ordures et déjections dans les fossés de la ville, de faire des dégâts aux prés, aux ponts ou aux murs (art. 56 et 57).

Réglement de la vente des aulx, oignons et semences, de la location des manouvriers et des scieurs de long. Les charpentiers, couvreurs et maçons ne doivent pas manquer d'assister aux vêpres, sous peine de suspension de leur métier pendant un an et un jour. Ils ne doivent pas travailler la nuit et ne peuvent porter leur marteau que quand ils se rendent au travail. Les batteurs en grange ne doivent avoir ni sac, ni besace. Il est prescrit aux charretiers de tenir leur cheval par le licol; ils ne peuvent voiturer de vin qu'accompagnés du propriétaire de la barrique ou de son représentant (art. 58 à 66.).

Défense de mettre de l'eau dans le verjus, de prendre du sable dans les chemins, si ce n'est pour construire dans la ville, en employant des bourgeois pour ouvriers (art. 67 à 70).

Les trèves doivent être respectées si on ne les dénonce pas en justice (art. 71).

Défense de vendre le blé et la drèche au-dessus du prix fixé et autrement qu'à la mesure prescrite. La chaux sera li rée à la mesure de l'avoine; on vendra les chenets et les crémaillères à la halle (art. 72 à 75).

Il est interdit de faire de fausses clefs ou de fausses serrures (art. 76); les charrettes à fumier et ordures doivent être fermées par derrière (art. 77).

Les fils, laines et vêtements ne peuvent être mis en vente qu'après « vente criée »; le lin et les étoupes doivent être de bonne qualité et « eswardés ». Les cordes auront la longueur réglementaire (art. 78 à 82).

On ne peut acheter les fagots des bois de Béthune, Bruay, Fouquereuille et Richebourg, pour les revendre (art. 83).

Le prix de façon des robes fourrées ou non fourrées est taxé, à peine d'amende (art. 84).

Quant à la pénalité, elle est, en général pécuniaire. Dans quelques cas toutefois le bannissement est encouru, soit perpétuel, soit le plus souvent à un an et un jour (art. 15, 21, 38, 39, 67 et 76). La condamnation peut aussi, mais exceptionnellement, consister dans la perte de l'oreille (art. 6). L'amende varie le plus souvent de deux à soixante sous. Elle va parfois jusqu'à vingt et même soixante livres; mais ordinairement elle est de trente sous, somme déjà importante pour l'époque.

BAN DES ÉCHEVINS DE LA VILLE DE BÉTHUNE.

Nous faisons le ban monseigneur le baillu et les eschevins :

1. Que nuls ne juece de nul ju de dés par nuit ne par jour, fors de tavles et d'eskés, sur xxx s.; et se li hostes ou li ostesse, en quel maison on jueroit, s'il le savoient, il seroient à xxx s., s'il n'avoient le ju deffendu.

2. Et que nuls, ne nulle, ne juece au ju madame, à l'eschequier, ne as billes, sur xxx s.

3. Et que cascun et cascune ait drois pois et justes, sur xxx s. et les faus pois brisiés, et que tous pois dont on poise, d'un quarteron et de plus, soit enseigniet de l'ensengne de le ville, sur xxx s.

4. Et que cascun et cascune ait droites mesures, sur xxx s. et les mesures arses, se elles ne sont loiaux. Et que toutes mesures de blé et de cruois[1] soient enseigniés de l'enseigne de le ville, de demi quartier et de plus, sur xxx s., et que toutes mesures de vin et d'oile, de une pinte et de plus, soient enseigniés de l'enseigne de le ville, sur xxx s.

5. Et que nuls ne nules ne prenge waige[2] en waiges de fil à bourgois ne a bourgoise, se ne sont le drap propres que il porte chascun jour vestus, sur le waige à rendre et sur xxx s., ne qui marchange à euls, ne qui leur croiche riens plus de v s., sur le debte à perdre, s'il n'ont leur cateulx par iaux, sur xxx s.

[1] Menu grain qui reste après que le blé a été criblé.
[2] Gage.

6. Et que nuls houriers [1], ne femme de vie, ne viengent plus près de la ville que du gibet, ne à le ronde tout entour, ne ès bos, sur xxx librvez ou sur l'oreille; et s'il y viennent on les abandonne à despoullier avec tout l'autre fourfait. Et que nuls ne nule ñe les herberche par nuit dedens le ville, s'il sevent qu'il soient tel gent, et sur xxx s.

7. Et que nuls mesiauls [2] ne nule mesele ne viengne dedens les portes de le ville; et se il y viennent, on les abandonne à despoullier au roy des ribaus, fors à iiii nataux de l'an.

8. Et que nuls, ne nule ne porteche arme esmolue [3], ne archon [4], ne engaigne [5], ne saiete [6], ne miséricorde [7], ne ploumé [8], ne bouqueler, ne fauchon [9], sur lx s., ne coutel repuns, sur x librvez, fors trespassant leurs voies, et l'armeure perdue. Et que nuls ne viengne armés devens le pais de le ville, sur lx s. et les armures perdues. Chis bans est à l'entente d'eschevins.

9. Et que nuls ne faiche ban, ne taskehem [10], ne autre assise de sen mesthier dedens le pais de la ville, sur lx s.

10. Et que nuls ne nule n'emporche ne fourcoilleche [11] le tonlieu l'A-voué. Se on le demande, qu'il le pait, sur lx s.

11. Et que nuls ne bache ole, ne venge [12] ou livreche livre, que li livre ne tiengne une pinte et les iiii, i lot, sur vi s. Et que cascune maniere d'ole soit vendue à par lui, sur vi s.; et se nuls demande de quoy li oles est, que li venderes le dieche à vendre, sur vi s.

12. Et que nuls ne voist puis le cloque daeraine du beffroy sans lu-miere, se il n'a boin wairant [13], sur xxx s. Cis bans est à l'entente d'esche-vins.

13. Et que nuls navieres ne puist aler jusques au pont de Sevelen-gues [14], à tout pière, sans alegier, sur vi s.; et puis que le nés [15] est vuite, que elle soit hors dedens le jour. Et, se elle vient par nuit, que elle soit hors devens midi sonnant, sur vi s.

14. Et que nuls bourgois ou bourgoise, ne aultres, ne puist faire bri-sier pierres devens les portes de le ville, sur lx s.; se n'est pour ouvrer bourgois ou bourgoise de le ville et devens le ville, et le venderes qui le menroit et qui le querqueroit devens les portes pour mener hors, seroit à lx s.

15. Et que nuls bourgois ne waiteche, ne faiche await [16] sur bourgois, ne sur bourgoise pour mal faire hors de le pais de le ville, sur xx lib. et sur estre banis un an et i jour de le ville. Et que nuls hom de forain ne

---

[1] Homme de mœurs dépravées, vagabond. — [2] Lépreux. — [3] Arme à pointe. — [4] Arc. — [5] Engin de guerre. — [6] Flèche, carreau. — [7] Sorte de poignard. — [8] Masse garnie de plomb. — [9] Petit canon ayant trois pouces de diamètre. — [10] *Taskehan*, coalition d'ouvriers. — [11] Ne fraude le tonlieu de l'avoué de Béthune. — [12] Ne vende. — [13] Garant. — [14] Hameau, commune d'Essarts, près Béthune. — [15] *Navis*, le batcau. — [16] Ne fasse un guet-à-pens.

meche main à bourgois ne à bourgoise par ire faite hors de le pais de le ville, sur ʟx libz.

16. Et que nuls n'aresche bourgois ne bourgoise ne leur cateux, aussi en ville batiche u markiés, ne keurt, sùr ʟx lib.

17. Et que nuls ne nule n'acache debte que bourgois ne bourgoise de le ville doive, sur ʟx lib,, et sy seroit li markiés nuls, se n'est par le gré du debteur qui presens seroit à l'acat.

18. Et que tout chil qui maisons ont de four, les aient enduites, sur xxx s.

19. Et que nuls ne carpenche maison ne hostel devens les portes de le ville, qu'il ne le faiche couvrir à tourtel [1] ou de tieule [2], sur ʟx s.

20. Et que s'aucuns bourgois ou bourgoise ou aultres manans en le dicte ville herbegoient à giste de nuit gens armés d'auketons ou de haubregons [3] ou de plates à pairment [4], sans le faire savoir ad justice et as eschevins; il seroit à x libz.

21. Et que nuls ne fache conteur d'escot, se aloste nom, sur xxx s. et banis ɪ an et un jour de le ville. Chis bans est à l'entente d'eschevins.

22. Et que nuls, ne nulle, ne venge que d'une maniere de vin à broque, en le ville, en ɪ ostel, sur ɪx s.; et qui vent en gros, bien poet vendre toutes manieres de vins; mais que chascune maniere de vin ait sen ostel par lui, sur xxx s,

23. Et que nuls tavreniers ne faice sen vin crier que une fois, se il ne le rabaisse par conseil de justice et d'eschevins, sur xxx s.

24. Et que nuls tavreniers de Rochelle, ne traiche fors au tonnel qui est aforés par justice et par eschevins desous le barc, sur xxx s.

25. Et que nuls ne desquerqueche vin de Rochele se n'aient veu justice et eschevin, sur xxx s.

26. Et que nuls ne nulle ne traiche vin à broque, se chieux qui en voelt avoir n'est au traire, sur x s.

27. Et que nuls, ne nulle, n'aforeche vin que ly tonniaux soit vuis plus de v pans, sur ʟx s.

28. Et que nuls, ne nulle, ne traiche vin fors à candeille de cire, sur ɪɪɪ s.

29. Et que nul, ne nulle, n'aforeche vin sans justice et sans eschevins, sur ʟx s.

30. Et que nuls, ne nulle, n'aforeche vin, s'il n'a xv jours ou plus de siege, sur xxx s.; et que nuls ne nulle ne troubeleche sen vin, ne faiche le troubler, sur xxx s., puis qu'il est aforés.

[1] Ardoises en forme de *tourteaux.*

[2] Tuiles.

[3] L'auqueton et le hauberjon ou petit haubert, étaient des cottes de mailles particulières.

[4] Pièces de fer constituant par leur assemblage une armure.

31. *Item*, se ensigniet est d'eschevins, à le conjure de justice, que vins soit criés et hués pour le foer, dont il seront d'accort, que li tavreniers quel vin on afore le fache crier dedens le journée, sur LX s.

32. Et que cascun et cascune qui vent vin à broque en le ville, paieche II los de vin de chascun tonnel au mesagé[1] des malades et de cel vin mcismes qui est aforés; et qu'il le refuseroit au mesagé, il seroit à XXX s., sans nul deport. Et se li maistres des malades voelt avoir taille contre les tavreniers de leur tonniaux, que il l'ait, et qui le contradiroit il seroit à X s.

33. Et que nuls courethiers de vin ne prenge que XII d. du tonnel et XII d. de la charetée et que il ne prengne nient de cellui qui acate, sur estre banis I an et I jour du mestier, et qu'il n'ait que I couretier à l'avoir vendre, sur VI s.

Et que nuls couretiers de bestes ne prenge d'un queval que IIII lb. et de plus que II s. et du mains XII d.; et chou paie li venderes. Et que nuls courethiers ne s'embache li uns sur l'autre[2], si soit markiés fait, sur VI s. Et que nuls ne desvenge queval ne autre beste sur VI s.; et que nuls n'estaleche autruy beste, ne faiche estaler, sur XXV s., s'il emprent couretage, et que nuls ne se melleche de nulle coureterie, s'il n'a fait serment à justice et as eschevins, sur XXX s.

34. Et que ly desquerqueur ne prenge[n]t du tonnel de vin desquerquier en nule maison que IIII d. et en cambre IIII d. et en chelier V d. et VI d. du chelier em bove[3] et XII d. du sacquier hors du chelier et IIII d. sur mettre sur le carette dessus terre et de saquier hors de bove, à tout XII d., et de cellui qui vient hors de bove, XVIII d., et de desquerquier en nés, VII d.; et du saquier hors des nès et de remettre sur la carette, XII d.; et des qenes à l'avenant.

Et qu'il ne prengent riens du kareton pour son harnas[4] de livrer plus tost, sur VI s., et que il soient apparilliet à pruies[5] et as estragns[6] quant on les demande, sur VI s. Et que nuls ne querqueche ne deskerqueche, s'il n'a fait serment à justice et as eschevins, sur VI s.

35. Et que nuls n'eswarge pourchel fors chis qui assis y sont par justice et par eschevins, sur VI s., et chil qui vent doit l'eswart paier, sur VI s.; et que nuls ne nulle n'amaineche nul pourchel esgrené[7] en ceste ville, sur X s. et le pourchel perdu, si l'a li osteliere de ceste ville.

36. Et que nuls barbiers n'ait ne pourchel ne poulles, sur LX s., et qu'il enfoechent leur sanc as camps en sus de voie et de là le daeraine kienerue et sur VI s.; et que nuls ne laist aler sen pourchel au marquiet au blé le lundi, tant que il y ait car, carette, ne sac à grain, sur III s. Et se le ser-

---

[1] Au messager, à l'envoyé de la maladrerie. — [2] N'enchérisse l'un sur l'autre. — [3] On appelait *boves* les souterrains et les caves. — [4] Sa peine. — [5] A la proue, au devant du bateau. — [6] Dans l'intérieur. — [7] Égratigné, ayant des cicatrices.

gent prent le pourcel en meffait faisant, il poet tuer le pourcel sans me-
fait et chius que li grains est aussi.

37. Et que nuls barbiers ne porche chisouts[1] le jour qu'il ne fait
oevre de son mestier, sur x s.

38. Et que nuls ne nulles ne s'enfuiche de Béthune atout l'autruy; et
s'il s'enfuit, il est banis de le ville à tous jours sur le hart et prendera on
tout le sien et le paiera on à se debte et li remanans voist où aller doit,
s'il ne revient de dedens LX jours après le semonce d'eschevins.

39. Et se aucuns s'enfuit et il a querquiet du sien en le ville, que
cheus à qui il a querquiet le raporche à justice et as eschevins dedens
VII jours, sur XXX s. et sur estre banis un an et un jour de le ville et ven-
dera on sen hiretage et le paiera on à ses debteurs livre à livre, marc à
marc, par le conseil d'eschevins. Et chou a en convent li sire et li ville à
warandir, sauf les drois au seigneur de qui on tient les hiretages. Et que
nuls voituriers n'enmaient aultrui harnas de par maison par nuit, sur LX s.
et sur estre banis I an et un jour de le ville. Ces bans est à l'entente d'eschevins.

40. Et que nuls ribaus ne autres ne gise à l'ostelerie plus hault d'une
nuit le sepmaine, se n'est par le commant de l'ostelier et se il n'est malades, sur estre banis I an et I jour de le ville; et se aucun y voelt gésir à
forche, chil qui aideroit l'ostelier seront quite du fourfait.

41. Et que nuls ne laist sen haion[2] droit par nuit, sur III s. et le
haion perdu, se n'est des saumonniers de le Pentecouste jusques à le saint
Remi.

42. Et sy faisons le ban que tous marchans et toutes marchandes de
toiles vengent en reut avoec les aultres marchans en le haulte hale du mar-
quié au blé, sur x s.

43. Et sy faisons le ban que nuls, ne nules, qui tienge maison à lieuwaige ne se parchent de le maison, ni iaus, ne leur cressi[3], à tant qu'il
aient paiet plainement leur ostage ou fait le gré de celui ou de celli à qui
il ont leur lieuwaige fait, et sur XXX s'.

44. Et que nuls, ne nule, n'oste les cordes des pus, ne qui les empirche,
sur XXX s'.

45. Et que nuls n'oste les hés de le ville pour maison leuer, ne pour
aultre cose faire, sur XXX s.

46. Et se aucuns lieuwe queute u aultre cose, il warge qu'il en soit bien
asseurs; car se aucuns le prent pour se debte, li lieuwaires n'en ara nulle
aive des eschevins.

47. Et que nuls ne melleche poi ne harpoy avec cire, sur XXX s.

48. Et qu'il n'ait que IIII porteurs enssamble au carbon, à cascune ca-

retéeet cil qui premiers i viennent, sur III s. Et que li sas de gros carbon tienge v quartiers avennes, à reis[1]. Et se aucuns acate gros carbon et il en voelt avoir mesure, que li carbonniers li faiche mesurer, sur VI s. Et que nuls ne venge gros carbon hors du marquiet, sur VI s, et que nuls n'acache gros carbon ne menu pour vendre en tel jour, s'il ait avant desquerquiet à se maison et sur VI s.

49. Et que nuls ne mesurece menu carbon, fors à le mesure avenereche et à comble, sur X s, et que nuls, ne nulle, ne soit si hardi qu'il acatece le brese, ne carbon, dedans le ville pour revendre, et sur X s.

50. Et que nul ne mesureche warance fors à le mesure avenereche et sur VI s, et que nuls ne le mesureche fors ly mesureres qui mis y est par justice et par eschevins.

51. Et que nuls vaneres qui vaneche blé au moelin ne prenge que IIII d. du muy vanet et des pièches au vaillant, sur LX s., et que li varlet qui mainnent le blé au moelin et ramainent le ferine à l'ostel et servent au moelin, ne prengnent de toutes ces desertes que VIII d. du muy et que nuls ne nulle ne donist ferine au moelin, sur LX s. Et qui blé ou ferine donroit au moelin, ne qui ne le rechevroit, il seroit a LX s. et banis un an et un jour de le ville, se n'est chieux que li cateux est ou celle. Et que nuls mauniers ne prenge que demy quarthier de blé de maure[2] III mencaus de blé et des pieches au vaillant, sur LX s. Et quant li mauniers rapporte le frine du molin, que on li paiece sen argent ou boin waige, sur III s.

52. Et que nuls fourniers ne prenge de plain four de boulanghier de pain cuire que XVIII denrées de paste, et li varlet qui servent au four VIII denrées de paste et li souraywe II denrée de paste et du plus et du mains à l'avenant et sur III s.

53. Et que nuls fourniers ne prenge de pain de bourgois cuire, de porter et de rapporter, que III d. du mencault, et que il le cuise bien et loiaument; et qui ne le feroit, il seroit à III s et renderoit au bourgois sen damage.

54. Et que nuls fourniers n'ait souraywe, ne porteur à pain ausi, s'il n'ont fait serment à le justice et as eschevins, sur VI s.

Et que nuls ne puist prendre souraywe de four sans eschevins, sur VI s.

Et que nuls fourniers n'asoche ne ne faiche asocher bourgois ne bourgoise fors entre le waite cornant le jour et le cloque du veppre, se ne sont boulengiers ou boulengieres, et que nuls ne nulle ne puist prendre d'une tart cuire de plain fouchiere, que I d. et de VI pains une ob. et de VI pastés que I d. et sur III s. Et que tout fournier ait broiés leur four pour finir les boulengiers, sur III s, et que tout fourniers aient souraywe à l'usage anchien, sur VI s.

[1] Au ras.
[2] Pour moudre.

Et que nuls, ne nule, ne presche pour plus de trois mailles à le livre et des pieches à l'avenant, sur LX s'.

55. Et sy tient on à bourgois et à bourgoise tous chiaux et toutes celles qui se tiennent as us et as coustumes de le ville, qui hostel tiennent, puis qu'il ont viés un an et un jour en le ville, chiaulx qui cascun en sont tailliet à le taille de le ville et qui leur taille paient paisiblement ou qui puissent moustrer qu'il aient esté recheu à le bourghesie.

56. Et que nuls nosce les prés, ne les maiscelers des pons, ne des murs, ne des forteresches de le ville, sur LX s.

57. Et que nuls ne jethe merde, ne bray [1], es fossés de le ville, sur XXX s. et li ostes u li ostesse de quel maison li merde u li bray isteront, il seroit à XXX s., et sy en seroient creu eswardeur par leur serment. Ly baus de l'oste est à l'entente d'eschevins.

58. Et que tous chilz qui vendent aux et oignons, qui les vengent entre l'ostelerie et le crois, sur II s; se n'est en aoust.

59. Et que toutes manieres de semenches courtilleresches soient mises à part, le viese d'une part et les nouvelles d'autre part, sur VI d. de chacune livre. Et se on demande se les semenches sont vieses, que li venderes le diche, sur XII d.

60. Et que tout manouvrier et manouvrieres de quelque [mestier] qu'il soient viengnent pour iaus lieuwer as estaus au pain (*mots effacés*)... les soiheurs [2] en aoult, sur VI s., à l'entente d'eschevins.

61. Et que nuls carpenthiers, ne couvreres, ne machons... ne aultre qui oeuvreche en moison de bourgois ne de bourgoise, ne soient sy hardy qu'il menqueche au vespre, sur X s. et sur estre bani I an et I jour de sen mestier. Se il oeuvrent par nuit et qui leur donrait, il seroit à X s.

62. Et que tous manouvriés de quel mestier qu'il soient viengent en place pour iaus leuwer s'ils n'ont ouvrage, sur X s'.

63. Et que nuls bateres en grange n'aient nuls sacquiaux, ne bourses pançonnieres, sur VI s.

64. Et que nuls carpenthiers ne couvreres de tieule ne porche martel, s'il ne va de se maison à sen ouvrage et de sen ouvrage à se maison, sur X s.

65. Et que nuls manouvriers qui ait ouvrage ne manque en place et sur X s.

66. Et que nuls charetons qui carieche dedens les portes ne soit sy hardis qu'il ne tiengne son queval par le cavestre [3] ou il sieche sur sen queval, sur XII d.; et que nuls caretons qui karieche fuille devens le ville ne prenge argent de cellui à cui il carie le fuille ne cose au vaillant, sur X s. Et que nuls ne cariche sur les fossés de le ville, sur VI s. Et que nuls

[1] Boue, ordures.
[2] Scieurs de long.
[3] *Capitis vestitura*, licol, caveçon.

caretons, ne aultrez, ne cariche à tonnel par nuit, ne par jour, se chieux n'y est cui le vin est ou ses messagés, sur xxx s. ; et que nuls caretons qui mainnece vin ne put traire nul vin en court, sur x s.

67. Et que nuls, ne nulle, ne melleche yauwe avec vergus pour vendre, sur x s., devens le pais de le ville et sur estre banis i an et i jour de le ville. Et que nuls ne bache vergus fors entour le marquiet, sur vi s. Et que nuls ne nulle ne faiche villenie en lieu ou on le bache, sur vi s, et que il ne bache sy soit le cloque au jour sonnée et que il laissent le batre de soleil luisant, sur vi s.

68. Et que nuls ne nulle ne prenge savelon ès quemins de le ville, se n'est pour machonner avoec bourgois ou bourgoise de le ville devant le pais de le ville, sur xxx s.

69. Et que nuls ne nulle qui lieuwece varlet bassiele [1] ne main pas qui li livreche cauchement [2], sur xxx s.

70. Et que nuls bourgois, ne fieux de bourgois ne de bourgoise, ne aultres, ne jueche de nul ju à le faucille, ne à l'auwe, ne à l'anette, ne au bloquel, ne à le boursete, devant le pais de le ville, sur xxx s.

71. Et que nuls, ne nulle, qui ait trieuwes données ne poet nullui mettre hors de se trieuwe se il n'amaint chiaux cil il voelt mettre hors de se trieuwe devant justice et devant eschevins en le hale. Et si sachent tout que cil qui verront pour trieuwes renonchier ont sauf aler et sauf venir le jour toute jour et lendemain jusques à soleil levant, s'ils ne sont fourbani, en telle manière qu'il ne puissent mal faire à nullui ne nul à iaus.

72. Et sy faisons le ban que nuls, ne nulle, ne venge grins en ceste ville plus de ii d. le quartier, et le drasque [3] que ii d. le quartier et droite mesure et loial, sur x s. Et que il ne le puissent vendre sen aien en li bourgois et les bourgoises, sur x s. Et que il n'en vengent à nullui que i quart le jour, sur iii s., et que li grins soit mesurés à le mesure fourmenteresche et à comble, sur iii s, et que le draque soit mesurée à le mesure avenerereche et à comble, sur iii s. ; et que nuls ne puist mesurer grins ne drasque, se il n'a fait serment à justice et as eschevins, sur iii s.

73. Et sy faisons le ban que nuls ne soit sy hardis qui venge cauch [4], ne qui le livreche, s'il ne le livre par mesures, sur xxx s. et ii mines de cauch fondue pour le mencault et une mine de cauch vive pour le mencault, à le mesure aveneresche [5], sur xxx s. Et que nuls ne mesuresche s'il n'a fait serment à justice et as eschevins, sur xxx s. et li mesureres ou ses compains si aient du mesurer le muy et dou porter vin d. moitié à moitié li acateres et li venderes ; et que nuls qui part y ait n'en soit mesureres, sur xxx ss.

74. Et se aucuns a saimechine en volille [6] quelle que soit, apporter

[1] Jeune. — [2] Ne reste pas sans lui fournir des chaussures. — [3] La drèche ou malt. — [4] Chaux, *calcem*. — [5] A la mesure de l'avoine. — [6] Sorte de mue à volailles.

le polt à vendre en ceste ville sans meffait et qu'il aporche vendre toute la sepmaine, au bout des maisiaus, et le deluns [1], au marquiet as poulles, sur vi s et le vollille et le saimechine perdue.

75. Et que tous chieux qui vendent quentieux et cremektes [2] les vengent avec les aultres en le hale où il doivent vendre, et sur vi s.

76. Et que nuls ne fache sourclave [3] ne fause serure, sur lx s et banis i an et i jour de le ville.

77. Et que tout quareton qui carient fiens et lie aient aissele le deriere, sur xii d.; et se aucuns voit le malfaisteur, prendre le poet sans fourfait et leurs aywes.

78. Et que nuls ne nulle ne soit sy hardis qui desloiche limes ne qui les acathe ne bargaigneche [4], ne files, ne aignelins [5], ne recous [6] ne pelis [7], sy soit vente criée, sur x s. Et cil bans keurt par tout dedens le ville et pais d'icelle et au tel amende seroit li venderes que ly acateres et ly courethiers aussy, s'il s'en mezloit.

79. Et que nuls courethiers de draps ne maineche marcant le deluns pour acater draps, se n'est en le hale et se soit vente passée en le hale, et sur x s.

80. Et que nuls ne nulle ne soit sy hardis qu'il aporche lin ne queuvene [8] vendre à Béthune, qu'il ne soit boine et loiaulx et auteulx devens que dehors et tout louer de senes, sur vi s, chacun cent de lin et sur iii s. le cent de queuvene et des pieches à l'avenant.

81. Et que nuls ne nulle ne venge ne ne acache lin ne queuvene, se soit vente criet et sur vi s. Et que nuls ne nulle ne venge de lin, ne queuvene, sy soient eswardées ou aient congiet de vendre, sur vi s., et se lins, ne queuvene estoient condempnés, que on ne les porte vendre à l'autre lés de le rue, sur vi s.

82. Et que nuls ne nulle ne faiche ouvrage de keuvene, ne ne faiche faire qui soit recouvers, sur iii s. Et que nuls ne nulle n'ait corde de tille qui ne soit longue à l'escalyere de le ville, et sur iii s.

83. Et que nuls ne nulle ne soit sy hardis qu'il acache fuille [9] des bos de Béthune, ne des bos de Bruay, ne de Fouqueroeles [10], ne de Ricquebourc [11] pour revendre, se n'est pour sen user en son hostel, et sur lx s. et le fuille perdue.

83. Et que nuls parmenthiers, ne nulle parmenthiere, ne prenge d'une reube à homme saingle [12] que xx d.; et se il le foure, xxvi d., et d'une reube à femme saingle, que ii s. vi d., et se il le foure, iii s., et sur x s.

[Arch. de Béthune, reg. AA. 4, f⁰ˢ 23 v° à 28 v°.]

[1] Le lundi (*die lunæ*). — [2] Chenets et crémaillères. — [3] Fausses clefs. — [4] Marchande. — [5] Laine d'agneau. — [6] Sorte de vêtement. — [7] Pelisse, vêtement fourré. — [8] Étouppes. — [9] Fagots. — [10] Fouquereuille, canton de Béthune. — [11] Richebourg-l'Avoué, canton de Cambrin. — [12] Robe non fourée.

9 782013 038126